wohin sind all die dinge entschwunden
die verloren gingen

es gab türen die sich schlossen
verschlossen wurden

vor mir
von mir

wege aus licht gab es
die sich verdunkelten

schläfriges vogelgezwitscher
statt hellem gesang

 gleichgültig
streicht der wind darüber hin

©2016 Ursula Gressmann

Verlag: tredition GmbH, Hamburg

ISBN

Paperback: 978-3-7345-8245-5

Hardcover: 978-3-7345-8246-2

e-Book: 978-3-7345-8247-9

Printed in Germany

Das Werk, einschließlich seiner Teile, ist urheberrechtlich ge-schützt. Jede Verwendung ist ohne Zustimmung des Verlages und des Autors unzulässig. Dies gilt insbesondere für die elekt-ronische oder sonstige Vervielfältigung, Übersetzung, Verbrei-tung und öffentliche Zugänglichmachung.

Ursula Gressmann

Wiederkehr

Eine lyrische Reise durch das Jahr

Ursula Gressmann

Wiederkehr

Eine lyrische Reise durch das Jahr

Umschlagbild: Vorderseite: Ursula Gressmann

Rückseite: Ursula Gressmann

Genre: Lyrik

Ursula Gressmann, geb. 1945, lebt in Hessen in einer Kleinstadt. Neben Veröffentlichungen in Anthologien und Literaturzeitschriften ist dies das dritte Buch, welches sie beim Verlag tredition veröffentlicht hat. Sie ist Mitglied bei der IGdA und bei den Schriftstellerinnen und Künstlerinnen. Sie schreibt Gedichte, Kurzgeschichten und Geschichten für Kinder.

Inhalt

Jahreszeiten wechseln, ohne unserem Einfluss zu unterliegen. Stimmungen wechseln hin und wieder mit den Jahreszeiten. Diesen Wechsel möchte ich in meinen Gedichten deutlich und erfahrbar machen.

Freude, Glück, Leid, Entsagung und Hoffnung wechseln, so wie der Lauf der Jahreszeiten.

Prolog

Der Zustand unablässigen Wachstums und Blühens im Frühling, eine nicht enden wollende Weihnachtszeit oder ständige Sommertage? Wie würden wir uns dabei fühlen? Macht nicht der Wechsel und die Vergänglichkeit den Reiz der Natur aus? Alles wächst, erblüht und wird fruchtbar, erlebt den Höhepunkt. Die Ernte geht über in Vergänglichkeit und Neuanfang.

Immer wieder folgt auf die kältesten Wintertage zuverlässig der Frühling. Wir dürfen den Wechsel der Jahreszeiten und die Wiederkehr erleben und daraus Inspiration schöpfen, so wie die Autorin dieser lyrischen Reise. Mit Sensibilität nimmt sie Menschen, Natur, das Wetter, Landschaften und Stimmungen in ihren Gedichten wahr.

Dieses Buch verbindet Empathie mit sprachlicher Kraft und lässt die Hoffnung spüren, dass wir in der Wiederkehr geborgen sind.

Damit das Leben immer weitergeht.

Markus Gressmann

Frühling

verheißung

schneeglöckchen
drängen sich aus dem winterboden

weiße jungfrauen
 schneeprinzessinnen

und sehnsucht erwacht
in meinem frostbetäubten herzen

taggesang

der wald
verankert am wiesenrand
ist dunkel und winterschwer

doch heute
leuchtet das morgenlicht
die luft scheint frischer zu sein

weich umhüllen
erste sonnenstrahlen die weiden
und es duftet nach frühling

ahnung

da ist noch silber
auf bäumen und büschen
es funkelt

eine ahnung von freude
musik und farbe stellt sich ein
webt zart ein bild

der frühling
ist nicht mehr weit

frühjahr

am ufer
hauchzart wie glas
filigrane eisränder

wasser fließt darunter
sprudelt dahin
springt über die steine

an raschelndem schilf
vorbei und unter
der brücke hindurch

rotfleckig stehen forellen
im schatten zwischen
moosbedeckten steinen

dunkler wird das wasser
und grün sickert
quillt aus den wiesen

frühlingsanfang

blüten zaudern
und alles grün misstraut der sonne

schneewirbel
schimmern auf im kalten wind

im grau der schatten flattern
weiße himmelsvögel

lassen sich nieder
und gläsern wird der tag

frühlingsgedanken

schneeknisternder morgen
weiße schleier liegen über den bäumen

amselfüße malen feine zeichen
in den schnee

als ob die amsel einen brief schreibt
so sieht es aus

dass bald frühling wird
und sie daran denkt ein nest zu bauen

aber noch schmeckt die luft kalt
und zäune tragen schneekapppen

frühlingswind

der wind weht
über wiesen und felder

duft von umgebrochener erde
und süß von hyazinthen
liegt in der luft

nichts ist sicher vor diesem wind
mein herz fliegt davon

ich kann es nicht halten
fang du es ein
halte mein herz fest

frühlingslied

ihren grünen mantel
hat die birke angezogen
und die wiese
schmückt sich
mit weißen sternen
die amsel
übt ein neues frühlingslied

und meine seele
badet in der frühlingssonne

ein frühlingstag

brennesselwogen
schlagen grün an wiesenufer
gelb läuten osterglocken

die sonne
schmiegt sich ins wolkenbett
blickt durch ein
schlüsselloch im wolkenbauch
hinunter auf die welt

frühlingsluft

noch laublos die schwarzen gitter der bäume
und des nachts klagen käuzchen
doch singvögel schwatzen bereits
von paarung und nestbau

im wald blitzen blau
die sterne des immergrüns
und grün gesäumt sind die ränder der bäche
aber es soll menschen geben
die sich sogar im winter lieben

traum

das gras ist grün und weich
das wasser des flusses kühl
warm scheint die sonne

ich möchte mein gesicht
im gras verbergen
und nicht an graue regentage denken

ich wollte
der frühling würde sich
ein bisschen beeilen

worte

begierig füllt sich der boden
mit wärme
das lied des wachtelkönigs erklingt
und mit dem licht der sonne
beginnt mein herz
zu singen
worte wie lerchenmorgen
fallen mir ein

manchmal denke ich an den tod
aber nicht heute

spaziergang

gelb violett und rosa
mit primelblüten
ist die wiese bestickt
süß duften die blüten
liebestrunken
taumeln lerchen in der luft

gemächlich schreite ich
den feldweg entlang
doch innerlich
tanze ich und springe

noch einmal

frühlingsnächte
sind kühl und feucht
und des morgens verdecken
opalschleier die sonne

in den mittagsstunden
singen hell die lerchen
über den feldern
und frühlingsworte

flüsterst du heimlich
am abend mir zu

lied

noch schlaftrunken
lausche ich frühmorgens
dem vogelkonzert

knospen drängen sich prallgrün an den zweigen
und wie das sanfte rotkehlchen
singt leise mein herz sein lied

flüchtig sind die frühlingstage
und bald vorbei

erwartung

fliederduft brandet
welle auf welle
an wiesenufer

jedes grün scheint ewig grün
und verborgen in den knospen
wartet des sommers goldener kern

frühlingstraum

eintauchen in gelbschäumendes
und untergehen im rapsmeer
auf den grund sinken
den käfergrund im dämmerlicht

einschlafen träumen
bewegungen nur ahnen
auftauchen unter bienenwolken
taumelnd noch und traumbefangen
das ufer erreichen

frühling

wolken schweben
wie duftige kugeln
im himmelsblau

die kirschbäume blühen
und in weißdornhecken
lärmen spatzen

schaumumhüllt

im frühling

über mir gesponnen
mattes krokusblau
grün auf braunem feld
mit sonnennadeln hingestickt
erste zarte halme

am seeufer
glänzen seidige birken
und am himmel grasen
weißflockig die wolkenschafe

frühlingsnacht

wie still es ist
in dieser frühlingsnacht
kein vogel singt
der mond hat einen schleier
über sein gesicht gezogen
und die fliederbüsche im garten
duften bis hinauf zu den sternen

bald frühling

der fluss rauscht
springt über die steine
 und mit regenstimmen
flüstert das grün
laublos recken
pappeln ihre äste

schneeglöckchen
die zarten frühlingsboten
geschmiegt an moospolster läuten

und dein lachen
springt über zäune

anderes frühlingslied

im geäst sitzen finken und meisen
wie die noten einer melodie

 die elster vor ihnen
ist der dirigent
im schwarzen frack
mit weißer hemdbrust

sie trippelt unruhig hin und her
denn auf der mauer kauert
ein aufmerksamer zuhörer

der kater paul

vergessen

azurblau
hat sich der himmel geschminkt
schwäne wie verwunschene inseln
gleiten auf dem see dahin

zärtlich zwinkert dir die sonne zu
und du vergisst den riss im himmel

frühlingssehnen

wilder frühlingswind
streicht über das offene feld
rote füchse bellen
und leise singen geister
die im holunder wohnen

traumgefährten sind wir
reisen mit dem himmelswagen
bis der mond im wolkenmeer versinkt
sich im osten das erste morgenrot zeigt

noch einmal frühling

kühl und feucht
sind die nächte im frühling
des morgens verdecken schleier die sonne

die mittagsstunden
laden zum spaziergang in den wiesen ein
hier jubilieren hell die feldlerchen

und abends flüsterst du mir liebesworte zu

abschied

der frühling ist kaum zu ertragen
für zwei die sich trennen müssen
erbarmungslos duften
frühe hyazinthen im garten
trauer pulsiert im sonnenlicht

komm doch zu mir
noch einmal
wollen wir ein glas wein
zusammen trinken

hoffnung

noch breitet der winter
seinen Mantel aus
doch unter der schneedecke
sprießt das erste grün
und knospen an den zweigen träumen
von märzsonne und vogelsang

 ich öffne alle fenster
damit der frühling
eintreten kann

im frühling

taubenschwärme
wie gestreifte tücher
wehen über die felder

und vorhänge an fenstern
bewegen sich leicht im wind
lachen schwingt in der luft

kaskaden von grün stürzen herab
von den bäumen und bienen summen

rot brennt heute der abendhimmel

frühlingstag am see

im matten krokusblau des himmels
grasen wolkenschafe
und grün auf braunem feld
recken sich zarte grüne halme

am seeufer glänzen seidig birken
in ihrem weißen frühlingskleid

verfrühlingt

im regen des beltanefestes wilde kraft
die die schwarze erde aufbricht
hymnen aus grün ertönen
dazwischen vogelgezwitscher

freya die göttin des frühlings
ist erwacht

frühlingserwachen

in weiche nebeltücher
grau eingehüllte bäume

dazwischen wie goldene lichtgitter
strahlen der aufgehenden sonne

gläsern glitzern tautropfen
im starren wintergras

und ich sehne mich
nach dem gelben geläut
der schlüsselblumen

ahnungsvoll

vom amselgesang erwacht
höre ich die silbrigen kätzchen
in den weiden maunzen

kirschblütenschnee webt frühlingszauber
vergessen sind eiskristalle
und kalter wind

am see

wie junge mädchen
in weißen seidenkleidern
geschmückt mit duftigem grün
stehen die birken unten am see

und mit veilchenaugen
blickt der himmel hinunter
schwalben zwitschern

über die liebe

im frühling
lernten wir uns kennen

im sommer
liebten wir uns heiß

im herbst
wurde unsre liebe blasser

im winter
ist sie gestorben

Sommer

spätnachmittag am see

wolken zeichnen
muster in den himmel und hitze
wabert über den abgeernteten feldern

weißflockig schwebt distelwolle
über dem see
nur das schilf raschelt am ufer

ein sommertraum

ich wünschte dieser sommertag
würde nie enden
unter dem weiten himmel
hellblau und weiß geflockt
zupft sommer an meinen haaren

die sonne malt mir braune tupfen
auf wangen und nase
lässt meine augen blitzen
warme luft streicht über meine haut

im sommer

sommer
das sind tage
an denen der sonnendrache
feurig mit flinker eidechsenzunge
über land und wasser leckt
nachmittage heiß und still
im wald zu verdämmern
kühl im schatten der bäume

nächte voller träume und unruhigem schlaf
während grillen vor dem fenster zirpen

und ich wünsche mich hinauf zum reiterlein
gleich neben dem zweiten stern
an der deichsel des großen wagens

schmetterling

schmetterlinge
diamatstaub auf den flügeln
wehen flüchtig glitzernd
im sommerwind

sommerfreuden

buschwindröschen leuchten
als weißer blütenteppich im wald

sonnenstrahlen wie tänzer im goldenen kleid
gleiten über die zweige der buchen

sonnenmeere sind die wiesen löwenzahngefleckt
und ich tauche hinein in den sommer

hochsommer

hitze gefächerte weizengrannen
kratzspuren auf wehrlosem
alle geräusche gedämpft
grashaut auf steinigem vergilbt
staubstraßen über sonnengehärtetem

hoch oben milane
die sich emporschrauben ins blau
bis zu den wolken

grenzenlos

ein neuer tag

verblasst die nacht
ein neuer tag erwacht

vor meinem fenster
singt die amsel ihr morgenlied

wolken verdecken noch die sonne
doch bald atmet der himmel wärme aus

mohnblumen tanzen
wiegen sich im wind

und wir
lassen uns treiben
durch den tag

sonnenblumenfelder
versengt von der glut der sonne

schwarze sonnenblumen
die köpfe gesenkt
drehen sich nicht mehr zur sonne hin
ein graubestäubtes meer

zugvögel schwirren
tausendflügliges rascheln über dem feld
ehe sie sich niederlassen

dann ein jähes wendemanöver
und der himmel hat sie verschluckt

flüchtige leere gefüllt von wolken
rund und hell wie eine kugel aus eis
rollt des nachts der mond

in der nähe meines herzens
fühle ich schmerz
denke ich an den winter

sommertag

durstig leckt die sonne am fluss
bienen summen
ein hund bellt hinter der verfallenen scheune

der himmel
ist ein straff gespanntes seidentuch
durchstochen von sonnenpfeilen

traumwetter

wolkengardinen flattern
weißfleckig sieht der himmel aus
und blumendurchwirkt
sind die wiesen

die sonne lehnt sich an die berge
alles ist verstummt
nur unsere herzen schlagen

gemeinsam

sommer

in tiefen zügen
will ich diesen sommer trinken
das weiß des mondes in den nächten

und goldene tage honigduftend
sollen mit süße mich erfüllen

wolkenschatten zwischen sonneninseln
will ich umarmen
und kühl meerwasser
über meine glieder rinnen lassen

wind und sonne sollen
trocknen meine haut

ich will glücklich sein

hitze

durchglüht der tag und nachts
der himmel sternenklar

töne vergessen einander
treiben durch die leere

geräuschlos schlagen flügel
mattschwarzer rabenvögel

verwaschen das blau der kornblumen
fast farblos im hellen tageslicht

schatten liegen wie gefällte bäume
über landstraßen

man hört das rascheln der eidechsen
im mauerefeu

sommer im hochgebirge

die berge halten den atem an
blicken mit alten augen
in den himmel
hinunter ins tal
erinnern sich
vergessen
schlafen
warten
fühlen die stille

lautlos jagen
wolkenschatten dahin
bis die sonne aufgeht
und mit glutfingern
 die schneereste verzehrt

hoch oben schraubt sich
der adler hinauf in die wolken

ein sommertrag

sonnenliebeslieder
flüstert das schilf

am ufer flimmern
silbern weidenblätter

wasserjungfern schweben
grünschillernd dahin

schwäne gleiten dahin
sich widerspiegelnd im see

still träumt der sommertag
in der mittagssonne

sommerzeit

büschel wilder möhre
weißfransig am wegesrand
nachtigallengesang
himbeerküsse

zu kurz der sommer
jäh der absturz ins dunkel

seiltänzer im vollmondlicht
das waren wir

sommermelodie

hitze atmet der sommer
würzig duftet das heu

jetzt auf dem rücken
in der wiese liegen können
zwischen butterblumen

zum himmel aufsehen
den endlosen schichten von weiß und blau
während die sonne brennt

den sommermelodien
über klatschmohnfeldern
ihnen möchte ich lauschen

es ist heiß

himmelsschatten
huschen über das land
dazwischen sonneninseln
blättergrün gesprenkelt

über feldern wabert hitze
und wie trockene insektenflügel
raschelt der wind im kornfeld

dunkle wege

manchmal in heißen sommern
fällt endlos lange kein regen

unter der unerbittlichen sonne
verdunstet das wasser in teichen und flüssen

sandmeere bleiben zurück
eine weißglühende landschaft aus nichts

bis gewitter aufziehen
den himmel in brand setzen

brunnen der einsamkeit
des scheiterns und der schuld
sich auftun

graugeballt die wolken
wie eine herde gewaltiger tiere

und deine stimme
brennt in meinen augen

sommerlich

vom rosenduft begraben
zergeht der sommertag
sonnendurchglüht

wolkeninseln ziehen weiß
im grenzenlosen blau zum horizont

weich breitet dann die sommernacht
eine dunkle decke über uns

und mit sehnsuchtshänden
wirst du mich umfangen

heiß

staub
der auf der haut brennt
sommersprossen
grillenzirpen

flieg
maikäfer flieg

ein heißer tag

die sonne das brennende himmelsauge
blickt herab auf das land
staubteilchen wirbeln

der mohn blüht und kamillen duften
schmetterlinge fließen in der luft umher
wie glitzernde fische
versinken sie im blütenmeer

sommerliebe

zartgliedrige elfen
gefangen zwischen licht und schatten
taumeln in der mittagsglut
den geschmack des sommers auf den lippen
sonnenstaubdächer lasten über den wiesen

und ich habe vergessen
wie dein lächeln aussieht

sommerwind

im sommer
wispert der wind
von sattgrünen wiesen
überhaucht mit blüten
und bunten schmetterlingen

von sonnensprenkeln
die in der mittagsglut
auf kühlen flüssen tanzen

so lange flüstert er
bis wolkengekräusel
die sonne verdeckt

sommerlich

verblasst die nacht
der neue tag erwacht
noch wolkenverdeckt ist die sonne
doch bald atmet der himmel wärme aus

mohnblumen
wiegen sich im wind

und wir
treiben durch den sommer

sommertag

durstig
leckt die sonne am fluss
bienen summen
ein hund bellt hinter der verfallenen scheune

der himmel
ein blau gespanntes seidentuch
durchstochen von sonnenpfeilen

morgen in der stadt

die dächer sind leicht eingesunken
das trottoir gewellt und
sonnenstrahlen tanzen
auf terrassen und balkonen

bis in die hinterhöfe
sonnenüberflutet ist die stadt
an diesem sonnigen morgen

lebenslust

durch das laub der birken
gleiten sonnenvögel
flirrendes gold im hellen grün
quecksilbrig springen forellen im nahen see
wassertropfen gleißen wie diamanten
im hellen licht

auf den koppeln traben junge pferde
mit samtigen nüstern glattem fell

hellblau ist heute meine welt
das sonnenrad dreht sich

vorbei

sommerwind wiegte das ährenmeer
bunte tupfen von kornblumen und mohn
wehten wie fähnchen am rande

abgeerntet nun das korn
die umgebrochene erde glänzt braun

das grüne laub der bäume verwandelt in gold
und später in der nacht

ein netzt aus mondlicht über dem land
verstreut darin wie reiskörner
die sterne

spätsommer

schatten lehnen an hauswänden
und aus dem blättergrün
leuchten blau trauben
wie mädchenblicke aus frauenaugen

süß verrinnt dieser sommer

spät im sommer

ein welkes blatt
dann über nacht
farbenpracht
gelb rot und purpur
glüht das laub

hagebutten leuchten
kleine rote feuer

zwischen zweigen
weht spinnwebenhaar
abendlicht ergießt sich
wie gold über das land

altweibersommer

fäden schweben durch die luft
beschwert mit winzigen leibern
seidig glänzen sie im abendlicht

der wind trägt sie davon
spinnen die auf eine lange reise gehen

ausblick

trüb pocht der morgen
an mein fenster
welkes laub
wirbelt durch die luft
und wolkengleich
ziehen vogelschwärme südwärts

kurz war der sommer

Herbst

abschied vom sommer

der tod ist sanft zu den ahornblättern
in seiner umarmung verfärben sie sich
fallen brennend rot

verwirbelt vom wind fliegen sie davon
vom sommer bleibt nichts zurück

zeit vergeht

blatt für blatt
weht von den birken
bis sie dastehen
spärlich bekleidet
weißhäutig
im mehrstimmigen gesang
des windes

zwischen wachsein
und schlaf

regenwettter

am himmel
graue wolkenkissen
zusammengenäht mit regenfäden

welk geworden
neigen rosen ihre köpfe

regenschleier
verzerren den blick

und meine seele will fortfliegen
mittagssonne in den augen

september

weizenähren rund und voll
hafer als lockere rispe
duftender roggen
raschelnde gerste
nur stoppeln blieben nach der ernte zurück

verschwunden auch der bunte kranz aus
mohnblumen und kamille

spinnenfäden wehen durch die luft
wie seidene luftschiffe
und morgens schmücken
taufunkelnd diademe das feld

krähen sammeln sich
auf den stoppelfeldern
käuzchenrufe ertönen in der dämmerung

es ist september geworden

verschwunden

alleebäume heben sich
dunkel und blattlos
vom grauen himmel ab
verschwunden sind die herbstfarben
die weichen schatten
das zarte frühlingsgrün
und der blütenduft

alles verschwunden
und auch du bist fortgegangen

ich bin allein

endgültig

versunken ist die sonne
hinter einer grauen wolkendecke

der wind heult
fegt über das land
rüttelt letzte blätter von den bäumen
es ist herbst geworden

endgültig

herbstlied

ein kühler hauch
am frühen morgen und am abend
das wechselspiel von licht und schatten
der wind wie er um die häuser braust
sagt mir der sommer ist vorbei

doch trösten mich die farben
blätter glühen gelb und rot
an bäumen reifen braune nüsse
der duft von pflaumen birnen
und äpfeln liegt in der luft

dunkelviolett und glasig grün
zwischen dem laub
leuchten saftige trauben

an ihren fäden segeln spinnen
durch die luft
wohin der wind sie treibt

herbstlich

wolken ziehen auf
verdecken die sonne
schattenfinger
streifen kühl die welt
und lautlos segeln spinnen
an zauberfäden mit dem wind

das rot der vogelbeeren
leuchtet im wald
vogelschwärme
zerfransen den himmel

herbst

silbrig zwischen zweigen
glänzen spinnwebgehäuse
herbstlaubig wiegen sich die bäume

golden ragen birken durch den morgennebel
heidehügel leuchten in zartem violett

und mich umwuchert novembergrau

ein lied im herbst zu singen

nebelschwaden wehen
silbern rinnt der mond
jetzt flüstern geister ihre mondscheinlitaneien
ins ohr der vogelfederfrau

nah ist fern
und
fern ist nah

nachtschmetterlinge legen sich zum sterben
tauben frösteln im schlag
leer sind die nester

winterschwäne fliegen

ein herbsttag

gelbrot und braun gefärbt
treiben blätter im wind
segeln durch die luft

schiffe die nie ankommen
kein anderes ziel kennen
als zu segeln

entrissen dem kreislauf
des vergehens

herbsttage

im gebälk nistet der wind
und unter staubbedeckten spinnennetzen
huschen mäuse
nur noch dünn belaubt erschauern
die äste der bäume
recken sich blätterentkleidet

fällt regen
spiegelt sich schiefergrau
der himmel in den pfützen

im nebel

krähen in den bäumen
krächzen aufgebracht
sitzen wie dunkle engel im geäst
spreizen die flügel

das blauschwarz ihres gefieders
verschmilzt mit den schatten
am horizont unscharf berge im nebel
kaum erinnerte landschaft

herbstgeruch liegt in der luft

herbststimmung

rotbraun gefärbte blätter wirbeln
trunkenen schmetterlingen gleich
durch die luft

fahlgelb ertrinkt die sonne
licht und klang verschmelzen
zu einer düstere symphonie

gebrochene zweige tanzen
wie gespenster
und bis in die ewigkeit
treibt das laub davon

herbstliches verlangen

spiel mit den blättern wind
fege sie von den ästen
treibe sie vor dir her
bis sie ermattet liegen bleiben
an mauern unter hecken
irgendwo im rinnstein

festgehalten

es wird herbst

letzte rosen
klammern sich
an zerbrochene wände
haben ihre farben fast vergessen

im wind wehen die haare der weiden
und nebeltrichter tun sich auf am morgen

der kuckuck ruft nicht mehr
krähen flattern
lassen mein herz erzittern

verborgen im wald

auf kahlen ästen
balancieren lichtstreifen

erinnerung an den sommer
verwoben mit vergilbtem farn
unter totholz

im stillen waldsee
verborgen unter nebelschleiern

treiben seltsame wasserwesen reglos
unter dem modrigen blätterteppich

verlockung im moor

schwarzes blau
und silberfunken
weiß und rund
der mond

eulen rufen
käuzchen schrillen
wasserfrau singt im geistersee

es windet sich der schlangenleib
krähen krächzen von dunkelheit

irrlichter winken
mit flackerndem schein
komm locken sie
komm zu uns hinein

die nebelfrauen
wohnen zwischen den binsen
weich hüllen sie dich ein

nebelgeister

spinnweben
zierlich aufgespannt
zwischen dürren gräsern
blinken taubeperlt
im morgensonnenlicht

letzte vogelwolken ziehen
und ihre schatten
flirren über den feldern

bis kalter herbstwind weht
die blätter von den bäumen kämmt
und die nebelgeister erwachen

spaziergang im nebel

seidig berühren dich
die spinnenhaare der blätterfrau

baumgeister drängen sich zwischen den bäumen
wehen leicht davon über die felder

wie mottenflügel die federleicht
die wangen streifen

nebel der alles umhüllt

erinnerungen

zwischen buchseiten gepresst
schwach duftende blütenblätter

spinnwebenzart
verblichen zu altrosa

wie die morgendämmerung
im november

nebelig

grau hängen mooosfäden
wie schlangenzungen an bäumen
lautlos fällt letztes laub

kein vogel singt
nur das summen der elektrozäune
ist zu hören

dunkelflutend wartet schlaf
jenseits der stille

die nebelhexe

nebelfrauen tanzen in der schlucht
sie schlagen ihre decken aus
und alles wird grau und nass
da wagt sich die sonne hinter den wolken hervor

im osten ist der himmel rosarot gefärbt
der neue tag erwacht

krähen zerkrächzen die stille
das taubeperlte gras verliert den silberglanz
und erste wasseramseln singen

der rote fuchs legt sich zur ruh
das wild wagt sich heraus aus seiner deckung
verstohlen raschelt eine maus

ich lausche dem murmelnden bach
wie er geschichten erzählt
und höre wie die nebelhexe
kichert und lacht

zu ende

am himmel
irrt das licht umher
letzte sonnenstrahlen
drängen sich durch wolkenlücken

regengesättigt
strömt die erde kälte aus
die wiesen frösteln

zaghaft leuchten
violette herbstzeitlosen

ein stimmungsbild

die felder sind abgeerntet
und mit ihren stroharmen
raschelt die vogelscheuche
des nachts sitzplatz für eulen

spinnen seiltanzen
auf schmalen brücken
zwischen vergessenen halmen

an den kiefern funkeln harzige diamanten
im letzten abendsonnenlicht

kälte

weißschuppig der himmel
dazwischen verwaschenes winterblau

frost spannt glitzernde fäden
zwischen den zweigen

hingeschmiegt an morsche zäune
raureif bedeckte ranken

klirrend vor kälte zersplittert der tag
wolkenscherben fallen herab

kaltgesichtig spiegelt sich der mond
des nachts im eisbedeckten see

anhöhe

windkleider
tragen die buchen
schultertücher in nebelgrau

sie wiegen sich
biegen sich
und halten doch stand

die wurzeln
fest im erdreich verankert
des morgens tau auf den blättern

jahrein
jahraus

in den highlands

purpurn leuchtet das heidekraut
süßer duft von wilden kräutern
liegt in der luft und bienengesumm

weißflockiges baumwollgras
opalglänzende steine

wollige schafe grasen
torfschwarze flüsse fließen und lochs
liegen wie lidlose augen dazwischen

entfernt auf den hügeln
das dunkle grün der wälder
und immer wieder wolken
die dahinsegeln im blau

novembertag

grau perlt nebel
im matten laternenschein
konturen verschwimmen

alle geräusche sind gedämpft
laub liegt auf straßen und plätzen

weich und schwer vor nässe
welkt es und vergeht

alles lebende muss einmal sterben

wehmut

gelb glüht der stechginster
und unter krumm gewachsenen bäumen
zaust der wind das heidekraut
matt spiegelt sich der himmel
in den pfützen

laut krächzend steigen raben auf
ihre schatten fließen über graues felsgestein

zwei schwarze federn
schweben über mir
wie im schlaf gestörte geister

winter

windgesang

frost klirrt in den bäumen
windharfen ertönen zwischen den zweigen
äolus gott der winde streicht über die seiten

sphärengesang erklingt
himmelsmusik
aus unendlichen weiten

einsamkeit

im zenit bleich
eine weiße wintersonne
das licht zerbricht
kraftlos lehnen schatten
an häuserwänden

bilder entstehen
denen die tiefe fehlt
am horizont blau
scherenschnittwälder

kalt

verlassen die mittagshöfe
frostblüten glitzern an kahlen zweigen
umschlossen vom dämmerlicht

das winterland wartet
ortlos mein herz und kalt
wie das herz der bachforelle

winter im garten

im winterschlaf das rosenbeet
wintergelb das gras
die schneckenhäuser verlassen

der garten ruht

zaghaft blinzelt sonne
hinter düsteren wolken hervor
und schlaftrunken rinnt wasser
von den zweigen

doch jeder tropfen birgt
ein stückchen himmel

wintervögel

fein ziseliert das flaumige gefieder
kommen sie geflogen
die weißen wintervögel
setzen sich auf bäume dächer hecken wege
decken sacht alles zu

amseln sitzen wie schwarze blüten
auf den ästen
spatzen warten am futterplatz im garten

weiß ist die stille

winterbild

krähenheere fluten über die felder
ihre schwingen brausen
misstönend klingt der schwarze chor
treibt davon mit dem wind
während sich der himmel verdunkelt

gleichgültig gegenüber der welt
leuchten bald die sterne
und am nächtlichen himmel
erhebt sich das sternbild des winters
orion steigt funkelnd empor

ein gedicht vom schnee

bleich der wintermond
kalt blinken die sterne

welten treiben auseinander
schweigen lastet

bis wasser zu licht wird
dicht unter den wolken

und sacht der schnee
in dichten flocken vom himmel fällt

wintersonne

schicht auf schicht
taut das eis über dem see
risse von ufer zu ufer
sind kaum sichtbar

trocken raschelt binsenhaar
rohrkolben schwanken
wie eine geisterschar

am himmel schieben sich wolken
an einer blassen sonne vorbei
die nicht wärmt

bilder die aus träumen stammen
legen sich über die wirklichkeit
eintönig singt der wind

im winter

der winterhimmel
ist mit schleiern überzogen
die wehen

wehen im eisigen wind
über vereiste
mit schnee bedeckte felder
und über den see

trocken raschelt das uferschilf
frost knistert im gebälk
und die stille klingt weiß

eine winternacht

schnee ein weißes geflimmer
in der dunkelheit
der mond schleierverhüllt
schwach leuchten die sterne

wo bist du in einer nacht wie dieser
kälte dringt durch die scheiben

tief in meinem herzen
ist der schmerz vergraben
könnte ich doch
im wagen aus sieben sternen
mit dir reisen

bis an das ende der welt

winterschweigen

es ist kalt im reich der schneekönigin
vereist das froststarre geäst der weiden
die zäune sind verziert
mit funkelnden kristallen
und unter welken blättern
schlafen käfer einen schlaf voller träume

alles schweigt
nur eine krähe hört man
sie krächzt vom fernen turme her

winterlicht

gesäumt mit weißen klöppelspitzen
sind bäume dächer zäune
alles leben ruht

nur krähen lärmen im gesträuch
schneegefiltert steht eine blasse sonne
am himmel

wird es dunkel
gleitet die mondfee über den see
in ihrem silberweißen gewand

sterne blühen auf und versinken
im dunkel der nacht

winter

blau sind die schatten
unter den tannen
dicht fällt der schnee
arglistig lauern krähenbeeraugen
im gebüsch

brüderchen und schwesterchen
schlägt das angstherz

schneespuren

blassblau der himmel
winter tropft von den bäumen
kraftlos scheint eine weiße sonne

scharf schneidet der wind
hinterlässt schneespuren
in den herzen

es ist kalt

die eiswindpeitsche schwingend
naht der winter mit flüsternächten
in denen eisblumen blühen

engel verlieren sich
sind nur noch erinnerung
endlos ausgedehnt ist das schweigen

schnee

eisiger wind
weht von den sternen her
blau zergeht das licht
und dort wo der uhu haust
sickert mondlicht
durch geborstenes gebälk
schneeaugen spähen durch die ritzen
froststarr wachen vereiste tannen

es ist still
nur mein herz klopft laut

schneefall

wie der schnee riecht
so weiß und neu

auf meinen lidern
zittert das licht

langsam fallen die flocken
letzte rosen sind spitzengesäumt
das rot ist verhüllt

winterlich

abseits der wege wandern
die blindenschrift lesen
aus see hügel und straßen
vom schnee verwandelt

geräusche hören
ertastet vom wind
vorbeigeflogen wie vögel
jetzt verstummt

schwer lastet die stille

wintergedanken I

geschwärzt der wald
dunkelwasser tropft von den ästen
mit tau benetzte spinnweben
schweben im gesträuch

an tannen wachsen flechten
kleiden sie in graubepelzte gewänder
und dort wo krähen nester bauen
braust der wind

bleich ist das morgenlicht

wintergedanken II

ob die toten den schnee spüren
der ihre gräber deckt
so viel verwirrendes weiß

schnee wie er im see versinkt
wieder zu wasser wird

auf dem speicher rascheln mäuse
eine taglichteule ruft
mit frostblinden augen starren die fenster

winternächte sind lang

aus dämmerung wird nacht
und der himmel ist übersäht mit sternen

zwischen knorrigen ästen gefangen
ein bleicher wintermond

im eisigen wind weht dünn sphärenmusik
spannt einen bogen zur erde

nimm meine hand und wärme mich

frosttag

es soll schnee geben
rufen die krähen
treiben davon

wie schwarze tuchfetzen
über den see
sinken hin ins dickicht

eisig umarmt
ragen stege ins schilf
und geräuschlos
fällt der schnee

schneegeflüster

schneeflocken schweben anmutig
kaum wahrnehmbar in der luft
setzen sich verlorenen engeln gleich
auf bäume zäune häuser

sternwolken sind
auf der erde gelandet

schneeflocken

silbersterne aus dem wolkenland
geriesel vom himmel

sacht wie kleine weiße vögel
sitzen sie still
auf meiner warmen hand

und sind verschwunden

schneeflockenkinder

schneeflockenkinder tanzen im wald
drehen sich wirbeln durch die luft
decken wald und wiesen zu

tannenbäume haben sich versteckt
unter dicken weißen mützen
schneeflockenkinder tanzen überall

auch auf deiner nasenspitze

nachtspaziergang

klirrender frost
mit eisnadeln bestäubte hänge
eiszapfen wie dolche
an dachrinnen

durch fenster scheint golden kerzenlicht
und ich höre die leise musik
unter dem eis

winterhimmel

einen grauen wintermantel
hat der himmel übergezogen
den kragen hochgeschlagen
und eine graue pudelmütze aufgesetzt

schneeflocken sinken herab
lassen sich nieder
auf den braunen feldern
bis das weiß alles bedeckt

eisblumen blühen auf zweigen
fedrige blüten die leise im wind klirren
zart und zerbrechlich sind

wie unsere liebe

auf dem friedhof

tief verschneit ist der friedhof
engel mit erhobenen händen
stehen ruhig da
kapuzen aus pulverschnee
über den ohren

rotgold
leuchten lichter zu ihren füßen

tagtraum

kaltweiß
steigt die sonnenscheibe empor
erfroren liegen feld und wald
frostverkrustet

gestern noch
träumten wir von den sternen

winterherz

verdunkelt ist der himmel
wie mein herz

schneeflocken
silbrige geisterflügel
tanzen im wind
ihren lautlosen tanz
legen sich still über wald und feld

krächzende krähen fliegen heimwärts
mir ist es verwehrt

die räume sind voller schatten

eingeschneit

knospende zweige
sind mit weißen tüchern bedeckt
zaghaft leuchten darunter goldgelbe spitzen
frühlingsfieber schmilzt den schnee
unter meinen schritten

komm mit mir
ich kenne wege
die muss man im dunkeln gehen
im schnee

unbegangene wege

in scharen ziehen krähen heimwärts
verdunkeln den himmel
ihr krächzen ist meine wintermelodie

schwarze federn im schnee
wie abgelegte kleider
schwarz auf weiß
vereinzelt leuchten rote tropfen

blut färbt den schnee
auf unbegangenen wegen

kalt geworden

weißgeädert
liegen steine im flussbett
grün umschlungen
von algen und seegrasbüscheln träumen sie
ihr schlaf ist tief
und zeit nur ein wort

muschelsiegel bergen das sommerecho
fern dem raunen der bäume
und schichten aus vogelsang

die vögel sind fortgezogen

frostnacht

dieses geglitzer
dort oben am himmel
ungezählte laternen
erleuchten die dunkelheit

frost klirrt in den bäumen
schwarzweiße elstern hocken
reglos im spärlichen laub

jenseits der stille liegt die welt
froststarr

winterzeit

im winter
schlafen die fische
tief unten im see

matt dringt licht
bis auf den grund
dürres schilf flüstert

in weiß bestäubten gräsern
versinken unsere spuren
bis schneefall sie verdeckt

mein herz
fühlt sich winterlich

winterlich

am horizont
berge von dunkelheit
und auf dem see
knistert das eis
unter dem schnee

leiser als ein flüstern
fallen kiefernnadeln im wald

blassblau
geht der tag

schneeluft

das leben erstarrt
eulen gleiten wie gespenster dahin
schweben lautlos ins dunkel

auf blauschimmernden flächen
erzählen spuren geschichten
von leben und tod

es schneit

in dieser nacht

graue häuser und schwarze bäume
verschwunden
unter einer weißen schneedecke
geräusche kaum zu hören

von fern her verwehter glockenklang
und manchmal fällt
vom himmel herab ein stern
in dieser winternacht

mitten hinein
ins herz

nachtwind

im winter
scheint der mond aus eis zu sein
er leuchtet silberhell

wie an gläsernen fäden
treiben sterne
am nachtschwarzen himmel

mitternachtsstill
ist die welt um mich her
bis der nachtwind zwischen den sternen
leise anfängt zu singen

das herz
der leidenden menschheit berührt
wie ein sanftes streicheln

kalter wintertag

raureif bedeckt die bäume
alles ist weiß
amseln hocken aufgeplustert
wie schwarze blüten
auf den zweigen

schneegeglitzer auf den feldern und
 die sonne blickt hinter dunklen wolken hervor

ich halte deine hand in meiner
und freue mich dass es kalt ist
und wir uns wärmen

ostwind

eisig weht der ostwind
vögel fallen wie steine vom himmel
versilbert der sichelmond
kalt blinken die sterne

entflügelt sind meine träume
nur noch ein kleines Öllämpchen
flackert im dunklen winkel
meines herzens

eisblumen

eisblumen
blühen mir im herzen
meine träume sind erstarrt

der winter ist gekommen

ich fühle mich
als trüge ich den himmel
auf meinen schultern
um mich herum ist alles dunkel

der winter ist gekommen

lebenszeiten

im winter
schwindet die liebe schneller
kälte und eisiger wind
treiben sie davon

weihnachten

vor vielen jahren

glutrot ist heute der abendhimmel
die engel backen kekse
habe ich früher zur weihnachtszeit
zu den kindern gesagt

stieg dann noch nebel
über den tannen auf
dann kochten die füchse kaffee

jeden abend stand würfelzucker
für die pferde vom weihnachtsmann bereit
und ab und zu fand sich
ein büschelchen
engelshaar im gesträuch

manchmal hat das christkind
bei uns im garten vergoldete nüsse verloren
das war für mich das schönste
an der weihnachtszeit

vor vielen Jahren

weihnachtsabend

engel mit transparenten flügeln
schmücken den weihnachtsbaum
geheimnisvoll leuchtend im kerzenlicht

beseligt glänzende kinderaugen
betrachten sie voller freude
wärme steigt in alle herzen
an diesem weihnachtsabend

flügelschlag

das weihnachtsfest leuchtet

als helles licht
in der dunkelsten zeit des jahres
sanfter flügelschlag
berührt ein jedes herz

frieden senkt sich herab
dankbar staunend fühle ich
dieses geschenk ist auch für mich

in der kirche am heiligen abend

bleiverglaste fenster
in denen sich das licht spiegelt
in blau und feurigem rot

maria mit dem kind
prächtig geschmückte altäre
festlich gekleidete menschen
tannenbäume im sanften licht der kerzen

dann die zaghaften
mit kummer beladenen herzen
der menschen die nicht zu sehen sind

rechts und links
hinter den mächtigen pfeilern

hoffnung

vom meer her weht der wind
und zerrt an meinen haaren
bald wird es nacht
doch über den düsteren wolken
scheint noch die sonne
die wellen glänzen im abendlicht

mein herz ist voller liebe
und meine gedanken wandern

wie ein vogel
der sich verflogen hat
so fühl ich mich

ich habe den stern verloren
der mich geführt
nun warte ich geduldig
dass er zurückkommt

ich wieder kind sein kann
zu weihnachten

weihnachtsabend

gemalte engel an den wänden
halten wache über dem kind in der krippe
alles glänzt verzaubert im goldenen kerzenlicht

es scheint als ob sogar die fernen planeten
dazu singen oder engelsstimmen

doch engel sind selten geworden
auf unserer welt
aber selbst die einsamen
fühlen sich getröstet in dieser nacht

niemand ist weihnachten ganz allein

in dieser zeit

sich auf den weg machen
und frieden suchen
in betrübten herzen liebe erkennen
trotz dunkelheit

wir gehen nicht verloren
das ist die botschaft
der weihnachtszeit

auf dem weihnachtsmarkt

lichtermeere inmitten der stadt
töne schwimmen darin
fließen dahin

schatten schwanken dazwischen
wie boote mit wehenden segeln
tragen sie melodien durch die nacht

stimmen rufen lachen
weinen hört man nicht
und düfte süß und würzig
liegen in der luft

ist das lichtermeer erloschen
leuchten vereinzelt sterne
und verstohlen lugt der sichelmond
hinter einer wolke hervor

eingehüllt in packpapier
und alte decken
schläft in einer ecke
der obdachlose klaus

liebe

sterne die leuchtenden punkte im all
deren licht lange erloschen ist
sinken ins dunkel

doch einer ist wegweiser
für engel hirten und könige
über dem stall nahe bethlehem

engel sind dort erschienen
und hirten knien vor der krippe
beten das kind an
den angekündigten erlöser der menschen

in der ferne erscheinen drei könige
gehüllt in prächtige gewänder
sie reiten auf kamelen beladen mit
kostbaren gaben
dunkel war ihr weg bis der stern erschien
auch uns wird diese nacht gewährt
erhellt durch den stern

den wir liebe nennen

ein traum

sterne wandern und versinken
glühen fort noch in der ferne
und man meint gesang zu hören
überall in dieser einen nacht

christus wird geboren
arm und allein in einem stall
nahe der stadt bethlehem

die tiere sind da und
engel halten über dem kinde wacht
hoffnung flackert wieder auf
in den herzen der menschen

und in meinem traum
seh ich kerzen leuchten

überall

weihnachten in der Stadt

dunkel drängt sich in den ecken
doch gnadenlos hell ist das neonlicht
kein sanfter kerzenschimmer
lautes liedgedudel
hört man auf dem weihnachtsmarkt

glühwein und bratwurst
pfefferkuchen und zuckerwatte duften

doch vom geruch wird niemand satt
und frieden den kann man nicht kaufen

heiligabend

manchmal
drängen sich worte
zwischen vertrauen und sehnsucht
machen sich breit verdrängen die liebe

wir sind müde vom warten und hoffen
und plötzlich am heiligen abend steht die zeit still
für einen augenblick

gestaltlos erklingen stimmen
getröstet fühlen wir uns in dieser einen nacht

engel hinterlassen keine spuren

Zeitfracht Medien GmbH
Ferdinand-Jühlke-Straße 7
99095 Erfurt, Deutschland
produktsicherheit@kolibri360.de